L'ÉTUDE

DE

LA LECTURE

RÉDUITE

A SA PLUS SIMPLE EXPRESSION

PRÉCÉDÉE D'UNE

MÉTHODE PRATIQUE

A L'USAGE

DES CLASSES NOMBREUSES

Par M. G. SAULSE,

Ex-régent de sixième au Mans

REVUE PAR

Le Commandant SAULSE, son père.

OUVRAGE DÉDIÉ

A Son Excellence le Maréchal MAGNAN,

Commandant en chef de l'armée de Paris,
Commandant supérieur des trois divisions du Nord.

SAINTES,

EZ FONTANIER, LIBRAIRE-ÉDITEUR.

1860.

L'ÉTUDE

DE

LA LECTURE

RÉDUITE

A SA PLUS SIMPLE EXPRESSION.

L'ÉTUDE

DE

LA LECTURE

RÉDUITE

A SA PLUS SIMPLE EXPRESSION

PRÉCÉDÉE D'UNE

MÉTHODE PRATIQUE

A L'USAGE

DES CLASSES NOMBREUSES

Par M. G. SAULSE,

Ex-régent de sixième au Mans;

REVUE PAR

Le Commandant SAULSE, son père.

OUVRAGE DÉDIÉ

A Son Excellence le Maréchal MAGNAN,

Commandant en chef de l'armée de Paris,
Commandant supérieur des trois divisions du Nord.

SAINTES,

CHEZ FONTANIER, LIBRAIRE-ÉDITEUR.

—

1860.

A Son Excellence le Maréchal **MAGNAN**,

Commandant en chef de l'armée de Paris,
Commandant supérieur des trois divisions du Nord.

EXCELLENCE ,

Ce qui m'a déterminé à venir vous prier d'agréer la dédicace d'un ouvrage qui a pour but de doter le soldat des bienfaits de la lecture, c'est qu'ainsi que mon père, j'ai la profonde conviction que c'est principalement dans le cœur de celui qui est arrivé au dernier échelon de la gloire militaire que l'on est sûr de trouver des sentiments sympathiques, surtout lorsqu'il s'agit de l'avenir du simple soldat.

J'ai l'honneur d'être,

De Votre Excellence,

Le plus dévoué et respectueux serviteur.

GABRIEL SAULSE.

PRÉFACE.

A quoi bon ce nouveau manuel de lecture? dira-t-on peut-être; n'y a-t-il pas assez de livres de ce genre? Oui, sans doute, répondrons-nous, vous avez raison, il y en a beaucoup; mais, malheureusement, il n'en existe pas un *seul* où l'élève puisse, tout en apprenant à lire, acquérir en même temps des notions orthographiques qui lui sont indispensables.

Rendre l'étude de la lecture attrayante et utile à l'élève, telle a donc été notre première pensée, et nous aimons à croire que nous avons complétement atteint ce but.

Toutefois, comme notre méthode, à l'aide de laquelle nous obtenons chaque jour les plus grands résultats, n'a pas pour but de discréditer les autres méthodes déjà connues, que nous ne voulons détrôner personne, mais simplement jeter un jour nouveau sur une matière de la plus haute importance, sur notre langage en un mot, qui a sa bonne part dans le cachet de nationalité que doit avoir tout un peuple; il sera facile à tout instituteur, d'après la disposition de notre ouvrage, de s'en servir avec la méthode sans épellation ou avec épellation. Il va sans dire que la *méthode militaire par Etienne Roland* pourra aussi facilement y trouver son application.

Notre ouvrage est aussi le seul de ce genre qui indique à l'élève, au moyen de caractères italiques, les lettres nulles dans la prononciation.

Nous osons donc espérer que, sous tous les rapports, cet ouvrage sera parfaitement acceuilli par les instituteurs et par l'autorité militaire, qui ne pourront qu'y voir une idée utile pour les écoles régimentaires et publiques.

SAULSE père et fils.

MÉTHODE PRATIQUE

A

L'USAGE DES CLASSES NOMBREUSES.

—◆◇◆—

PREMIER EXERCICE.

1º *Lecture à haute voix des lettres élémentaires par le maître seul.*

Le maître, placé sur une estrade, et à une des parties les mieux éclairées de la salle, commande : *Prenez vos places pour lire !* A ce commandement, les élèves vont se placer en cercle autour du maître, et, s'ils sont nombreux, ils forment deux cercles, dont le plus grand est composé des plus grands élèves, et le plus petit, des plus petits élèves, afin que le maître puisse s'assurer facilement que chaque élève exécute les commandements prescrits.

Dès que les élèves ont pris cette position, le maître commande : *En classe de lecture, première leçon, éléments en tête de la leçon !* A ce commandement, les élèves portent la pointe du crayon sous la première des lettres élémentaires.

1

Lorsque les élèves ont bien pris cette position, le maître prévient les élèves qu'il va épeler ces mêmes lettres à haute voix, et qu'ils auront à faire suivre leurs crayons sous les lettres, à mesure qu'il les prononcera, et à les prononcer aussi eux-mêmes tout bas, afin de pouvoir épeler seuls ces mêmes lettres, etc. Après cet avertissement, le maître commande : *Attention !* Au même instant, il commence la lecture à haute voix, en observant la cadence d'une mesure à deux temps.

2° *Lecture à haute voix des lettres élémentaires par le maître et les élèves.*

Le maître, dans cet exercice, s'attache particulièrement à ce que les voix des élèves, unies à la sienne, n'en forment qu'une seule.

3° *Lecture à haute voix des lettres élémentaires par les élèves seuls.*

Les élèves lisent les lettres élémentaires en allant de gauche à droite.

4° *Les élèves lisent individuellement les lettres élémentaires.*

5º *Distinction des voyelles et des consonnes.*

Lorsque les élèves connaissent les lettres élémentaires, le maître exige que les élèves lisent les lettres élémentaires alternativement, en désignant leur espèce. Exemple, l'élève : « *P*, consonne ; *A*, voyelle, etc. »

DEUXIÈME EXERCICE.

1º *Lecture de la ligne* A *par le maître seul.*

Le maître prévient les élèves qu'il va lire couramment ce qui concerne les mots de la ligne *A*, soit : *papa*, *pipa*, etc., et qu'ils auront à faire suivre leurs crayons sous les mots, à mesure qu'il les prononcera, et à les prononcer eux-mêmes tout bas. Après cet avertissement, le maître commande : *Attention !* Un instant après, il commence cette lecture , etc.

2º *Lecture à haute voix de la ligne* A *par le maître et les élèves.*

Le maître, dans cet exercice, s'attache particulièrement à ce que les voix des élèves, unies à la sienne, n'en forment qu'une seule.

3º *Lecture à haute voix de la ligne* A *par les élèves seuls.*

4º *Les élèves lisent individuellement là ligne* A.

5º *Examen.*

Le maître fait remarquer aux élèves que les mots qu'ils viennent de lire sont composés avec les lettres élémentaires qu'ils viennent d'étudier dans le premier exercice.

TROISIÈME EXERCICE.

1º *Lecture de la ligne* B *par le maître seul.*

Le maître prévient les élèves qu'il va lire les syllabes de la ligne *B*, en observant le ton et la cadence qui leur ont été indiqués pour l'épellation des lettres élémentaires, et leur recommande d'en bien suivre la marche avec le crayon.

Après cet avertissement, le maître commande : *Attention!* puis il commence, etc.

2° *Lecture à haute voix de la ligne* B *par le maître et les élèves.*

Le maître, dans cet exercice, s'attache particulièrement à ce que les voix des élèves, unies à la sienne, n'en forment qu'une seule.

3° *Lecture à haute voix de la ligne* B *par les élèves seuls.*

4° *Les élèves lisent individuellement la ligne* B.

5° *Examen.*

Le maître, après avoir expliqué aux élèves ce que c'est qu'une syllabe, les interroge sur le nombre des syllabes renfermées dans chaque mot de la ligne *B*.

6° *Assemblage.*

Le maître nomme un des mots étudiés, et l'élève répète, à l'aide de *l'assemblage*, les syllabes qui le composent.

QUATRIÈME ET CINQUIÈME EXERCICES.

Etude des lignes *C* et *D*.

Même ordre de travail que celui du premier exercice.

1*

Récapitulation.

Même ordre de travail que celui du deuxième exercice.

OBSERVATION IMPORTANTE.

Pour familiariser les élèves avec la lecture de l'écriture, le maître fera répéter, le soir, la leçon étudiée le matin, les livres fermés, et après l'avoir écrite sur le tableau noir. De cette manière, on remplacera avec fruit et économie les cartes murales, souvent fort dispendieuses.

Notre exercice d'*assemblage*, tout en rendant l'étude de la lecture attrayante, a aussi pour but principal de prouver d'une manière victorieuse que les mots seuls apprennent les syllabes aux enfants, et que c'est donc par l'étude du *mot*, et non par sa décomposition, que l'on doit commencer l'étude de la lecture.

Nota. — Lorsque l'exercice se fera sur le tableau noir, le maître devra exiger que l'élève souligne les syllabes de l'assemblage qui servent à composer le mot qu'il aura demandé.

MÉTHODE THÉORIQUE.

La méthode théorique se divise en deux parties bien distinctes :

1° Orthographe régulière, — deux classes ;

2° Orthographe irrégulière, — deux classes.

La première classe est divisée en cinq leçons sur l'étude des syllabes formées par voyelles simples précédées d'une consonne.

La deuxième classe est divisée en vingt-deux leçons sur l'étude des syllabes formées :

1° Par des voyelles initiales et isolées,

2° Par des voyelles diphthongues,

3° Par des voyelles composées,

4° Par des consonnes simples,

5° Par des consonnes composées,

6° Par des doubles consonnes,

7° Par des diphthongues consonnes.

La troisième classe est divisée en douze leçons sur l'étude des syllabes équivalentes.

La quatrième classe est divisée en sept leçons sur l'étude des syllabes renfermant des lettres nulles ou muettes.

Quant aux cinq leçons suivantes, elles ne sont qu'un résumé complet des notions renfermées dans les cinquante premières leçons.

Enfin la liaison des mots ou les principes sur

la prononciation et la ponctuation, divisés en huit leçons, viennent servir de puissants auxiliaires à la lecture courante, qui, à son tour, est divisée en dix leçons, qui meubleront la mémoire d'une foule de notions indispensables pour elle.

L'ÉTUDE

DE

LA LECTURE

RÉDUITE

A SA PLUS SIMPLE EXPRESSION.

PREMIÈRE LEÇON.

Eléments.

Consonnes simples.

p   r   m

Voyelles simples et brèves.

a   e   é   è   i   o   u

A   papa.   pipa.   pope.   pipe.   pape.

B   pa pa.   pi pa.   po pe.   pi pe.   pa pe.

C   p p   p p   p p   p p   p p

D   a a.   i a.   o e.   i e.   a e.

Assemblage.

pa, pi, pa, pa, po, pi, pe, pe, pe, pa.

A rare. rape. rapure. rire. reparu.
B ra re. ra pe. ra pu re. ri re. re pa ru.
C r r r p r p r r r r p r
D a e. a e. a u e. i e. e a u.

Assemblage.

ra, ru, re, pa, ra, re, pe, re, ra, re,
pu, ri.

A mère. mari. mire. mérope. mare.
B mè re. ma ri. mi re. mé ro pe. ma re.
C m r m r m r m r p m r
D è e. a i. i e. é o e. a e.

Assemblage.

mè, re, re, re, ma, ma, ri, mi, mé,
ro, pe.

Récapitulation.

papa. rare. mère. pipa. rape.
mari. pope. rapure. mire. pipe.
rire. mérope. pape. reparu. mare.

IIe LEÇON.

Eléments.

Consonnes simples.

d m r l p b

Voyelles simples et brèves.

a i é e o è u

A	demi.	dorure.	dame.	dire.	dure.
B	de mi.	do ru re.	da me.	di re.	du re.
C	d m	d r r	d m	d r	d r
D	e i.	o u e.	a e.	i e.	u e.

Assemblage.

de, re, re, mi, do, ru, da, di, me, du, re.

A	lime.	lame.	lire.	lima.	lipome.
B	li me.	la me.	li re.	li ma.	li po me.
C	l m	l m	l r	l m	l p m
D	i e.	a e.	i e.	i a.	i o e.

Assemblage.

me, li, la, ré, me, me, li, po, ma, li, li.

A bile. bipède. bure. boléro. baba.
B bi le. bi pè de. bu re. bo lé ro. ba ba.
C b l   b p d   b r   b l r   b b
D i e.   i è e.   u e.   o é o   a a.

Assemblage.

ba, bi, pè, bi, de, le, bu, bo, ro,
lé, ba, re.

Récapitulation.

demi. lime. bile. dorure. lame.
bipède. dame. lire. bure. dire.
lima. boléro. dure. lipome. baba.

IIIe LEÇON.

Eléments.

Consonnes simples.

f d l r b n p t m

Voyelles simples et brèves.

é a e i o è u

Voyelle simple et longue.

ê

A fidèle. férule. faribole. fera.
B fi dè le. fé ru le. fa ri bo le. fe ra.
C f d l f r l f r b l f r
D i è e. é u e. a i o e. e a.

Assemblage.

dè, fi, ra, le, ru, fé, le, ri, fa, le, bo, fe.

———

A narine. nonidi. nudipède. nubile.
B na ri ne. no ni di. nu di pè de. nu bi le.
C n r n n n d n d p d n b l
D a i e. o i i. u i è e. u i e.

Assemblage.

ri, le, na, ne, ni, no, di, pè, nu, di, de, bi, nu.

———

A tape. taré. tête. timidité. témérité.
B ta pe. ta ré. tè te. ti mi di té. té mé ri té.
C t p t r t t t m d t t m r t
D a e. a é è e. i i i é. é é i é.

Assemblage.

pe, té, ta, tê, ta, te, ré, mi, ti, té, di, mé, ri, té.

———

Récapitulation.

tape. narine. fidèle. férule. taré. nonidi. faribole. nudipède. tête. fera. nubile. timidité. témérité.

IV° LEÇON.

Eléments.

Consonnes simples.

j p t l b r s d v n

Voyelles simples.

a e é i o u

A jupe. jeté. joli. jubilé. juré. jubé.
B ju pe. je té. jo li. ju bi lé. ju ré. ju bé.
C j p j t j l j b l j r j b
D u e e é o i. u i é. u é. u é.

Assemblage.

bé, pe, ju, té, je, li, jo, bi, ju, lé, ré, ju, ju.

A salade. solitude. satire. solide.
B sa la de. so li tu de. sa ti re. so li de.
C s l d   s l t d   s t r   s l d
D a a e.   o i u e.   a i e.   o i e.

Assemblage.

de, la, sa, de, li, so, de, tu, ti, sa, re, li, so.

A vanité. vase. vérité. vire. vitalité.
B va ni té. va se. vé ri té. vi re. vi ta li té.
C v n t   v s   v r t   v r   v t l t
D a i é.   a e.   é i é.   i e.   i a i é.

Assemblage.

té, va, té, ni, se, va, ri, vé, té, re, vi, ta, vi, li.

Récapitulation.

salade. jupe. vanité. vase. jeté. joli. solitude. vérité. jubilé. satire. vire. juré. solide. vitalité. jubé.

Vᵉ LEÇON.

Eléments.

Consonnes simples.

z b l n r c v t g p

Voyelles simples et brèves.

a é i e o è u

Voyelle simple et longue.

ô

A **zibeline.** **zèle.** **zéro.** **zélé.** **zône.**

B zi be li ne. zè le. zé ro. zĕ lé. zô ne.

C z b l n   z Î   z r   z l   z n

D i e i e.   è e.   é o.   é é.   ô ˋe.

Assemblage.

ne, be, zi, li, le, zè, ro, zĕ, lé, zé, ne, zô.

A **cave.** **curé.** **cavale.** **caricature.**

B ca ve.   cu ré.   ca va le.   ca ri ca tu re.

C c v   c r   c v l   c r c t r

D a e.   u ĕ.   a a e.   a i a u e.

Assemblage.

re, ve, ca, ré, cu, va, le, ca, ri tu, ca, ca.

A gare. gabare. galère. gaze. galope.
B ga re. ga ba re. ga lè re. ga ze. ga lo pe.
C g r   g b r   g l r   g z   g l p
D a e.   a a e.   a è e.   a e.   a o e.

Assemblage.

re, pe, ga, ba, re, ga, lè, ga, re, ze,
ga, lo, ga.

Récapitulation.

curé. galope. caricature. zibeline.
cave. gare. gabare. zèle. zéro.
zélé. zône. cavale. galère. gaze.

VIᵉ LEÇON.

Éléments.

Consonnes simples.

r   t   m   s   d   v   f   l   p

Consonnes composées et inséparables.

ch   gn

Voyelles simples et brèves,

a   i   é   e   u   o   è

Voyelles doubles et brèves.

ou

A charité. chemise. chimère. chose.
B cha ri té. che mi se. chi mè re. cho se.
C ch r t ch m s ch m r ch s
D a i é. e i e. i è é. o e.

Assemblage.

se, ri, cha, té, se, mi, che, re, mè, chi, cho.

A gnome. gnomide. gnave.
B gno me. gno mi de. gna ve.
C gn m gn m d gn v
D o e. o i e. a e.

Assemblage.

ve, me, gne, de, mi, gno, gna.

A mouche. moule. foule. soupe.
B mou che. mou le. fou le. sou pe.
C m ch m l f l s p
D ou e. ou e. ou e. ou e.

Assemblage.

pe, che, mou, fou, le, le, sou, mou.

Récapitulation.

charité. gnome. mouche. chemise.
gnomide. moule. gnave. foule.
soupe. chimère. chose.

VIIe LEÇON.

Éléments.

Consonnes simples.

m l j n h r d s p t

Consonnes composées et inséparables.

ch

Voyelles simples et brèves.

e i a o

Voyelles doubles et brèves.

eu ou

Voyelles nasales.

an on in

A meule. jeune. heure. jeudi. seule.
B meu le. jeu ne. heu re. jeu di. seu le.
C m l j n h r j d s l
D eu e. eu e. eu e. eu i. eu e.

Assemblage.

jeu, le, meu, ne, re, heu, di, jeu, le, seu.

A	chanson.		pantalon.			moucheron.		
B	chan	son.	pan	ta	lon.	mou	che	ron.
C	ch	s	p	t	l	m	ch	r
D	an	on.	an	a	on.	ou	e	on.

Assemblage.

son, chan, lon, ta, pan, ron, che, mou.

A	peloton.			mouton.		poumon.		son.
B	pe	lo	ton.	mou	ton.	pou	mon.	son.
C	p	l	t	m	t	p	m	s
D	e	o	on.	ou	on.	ou	on.	on.

Assemblage.

ton, lo, pe, ton, mou, mon, pou, son.

Récapitulation.

meule. chanson. peloton. jeune. pantalon. mouton. heure. son. moucheron. jeudi. seule. poumon.

VIIIe LEÇON

Eléments.

Consonnes simples.

d m t p s c l d f n r

Consonnes composées et inséparables.

ch st

Voyelles simples et brèves.

a i é e o u

Voyelle simple et longue.

â

Voyelles doubles.

ai

Voyelles nasales.

an in on un

Diphthongue simple.

ia

A	dindon.	mâtin.	pinson.	pantin.
B	din don.	mâ tin.	pin son.	pan tin.
C	d d	m t	p s	p t
D	in on.	â in.	in on.	an in.

Assemblage.

don, din, tin, mâ, son, pin, tin, pan.

A	chacun.	lundi.	défunte.
B	cha cun.	lun di.	dé fun te.
C	ch c	l d	d f t
D	a un.	un i.	é un e.

Assemblage.

cun, cha, di, lun, te, fun, dé.

A	ratafia.	pianiste.	piaculaire.
B	ra ta fia.	pia ni ste.	pia cu lai re.
C	r t f	p n st	p c l r
D	a a ia.	ia i e.	ia u ai e.

Assemblage.

fia, ta, ra, ste, ni, pia, re, lai, cu, pia..

Récapitulation.

chacun. dindon. mâtin. lundi. ratafia. pinson. défunte. pianiste. pantin. piaculaire.

IXe LEÇON.

Éléments.

Consonnes simples.

p t c v d b r s l m f

Consonnes composées et inséparables.

ch

Voyelles simples et brèves.

i é e u

Voyelles doubles et brèves.

ou eu

Voyelles nasales.

on

Diphthongues simples.

ié iè io

A	piéton.	pitié.	convié.	dévié.
B	pié ton.	pi tié.	con. vié.	dé vié.
C	p t	p t	c v	d v
D	ié on.	i ié.	on ié.	é ié.

Assemblage.

ton, pié, tié, pi, vié, con, vié, dé.

A **bière. soupière. lumière. rivière.**
B biè re. sou piè re. lu miè re. ri viè re.
C b r s p r l m r r v r
D iè e. ou iè e. u iè e. i iè e.

Assemblage.

re, biè, re, piè, sou, re, miè, lu,
re, viè, ri.

A **fiole. violon. mioche. piocheuse.**
B fio le. vio lon. mio che. pio cheu se.
C f l v l m ch p ch s
D io e. io on. io e. io eu e.

Assemblage.

le, fio, lon, vio, che, mio, se,
cheu, pio.

Récapitulation.

bière. piéton. fiole. pitié. convié.
soupière. violon. dévié. lumière.
mioche. rivière. piocheuse.

Xe LEÇON.

Eléments.

Consonnes simples.

d m l p r d s f v b t c

Consonnes composées et inséparables.

fr ch

Voyelles simples et brèves.

i a e

Voyelles doubles et brèves.

ou

Diphthongues composées.

ieu

Diphthongues nasales.

ian ien

A Dieu. milieu. radieuse. pieuse.
B Dieu. mi lieu. ra dieu se. pieu se.
C D m l r d s p s
D ieu. i ieu. a ieu e. ieu e.

Assemblage.

lieu, mi, Dieu, se, dieu, ra, se, pieu.

A fiande. viande. friandise. friande.
B fian de. vian de. frian di se. frian de.
C f d v d fr d s fr d
D ian e. ian e. ian i e. ian e.

Assemblage.

de, fian, de, vian, se, di, frian, de, frian.

A chien. mien. soutien. patience.
B chien. mien. sou tien. pa tien ce.
C ch m s t p t c
D ien. ien. ou ien. a ien e.

Assemblage.

sou, chien, tien, mien, ce, tien, pa.

Récapitulation.

Dieu. patience. milieu. pieuse. viande. radieuse. fiande. chien. mien. soutien. friandise. friande.

XIᵉ LEÇON.

Éléments.

Consonnes simples.

p n t b s r m f l

Consonnes composées et inséparables.

dr

Voyelles simples et brèves.

a é i u e

Voyelles nasales.

on

Diphthongues simples.

oi

Diphthongues composées.

ion   oin

Diphthongues nasales.

ain

A pion. nation. bastion. partition.
B pion. na tion.   bas tion.   par ti tion.
C p   n t   b t   p t t
D ion.   a ion.   as ion.   ar i ion.

Assemblage.

tion, na, pion, tion, bas, tion, ti, par.

A toison. foi. roi. moi. droiture.
B toi son. foi.   roi.   moi.   droi tu re.
C t s   f   r   m   dr t r
D oi on.   oi.   oi.   oi.   oi u e.

Assemblage.

son, toi, roi, re, foi, tu, moi, droi.

A pointe. témoin. soin. foin. coin.
B poin te. té moin. soin. foin. coin.
C p   t   t   m   s   f   c
D oin e. é oin. oin. oin. oin.

Assemblage.

te, poin, moin, té, soin, foin, coin.

Récapitulation.

nation. témoin. roi. pion. bastion. toison. foi. partition. pointe. foin. coin. moi. droiture. soin.

XIIᵉ LEÇON.

Eléments.

Consonnes simples.

l s f n j c d t v p

Consonnes composées et inséparables.

gn

Consonnes doubles.

ss

Voyelles simples et brèves.

e   i

Diphthongues simples.

ia   oi   ui   uè

Diphthongues composées.

oui

Voyelles nasales.

an

A	Louise.	Louisiane.	jouissance.
B	Loui se.	Loui sia ne.	joui ssan ce.
C	L s	L s n	j ss c
D	oui e.	oui ia e.	oui an e.

Assemblage.

se, Loui, ne, sia, Loui, ce, ssan, joui.

A	Suède.	duègne.	Suédoise.
B	Suè de.	duè gne.	Sué doi se.
C	S d	d gn	S d s
D	uè e.	uè e.	ué oi e.

Assemblage.

se, doi, Suè, de, duè, sué, gne.

A tuile. fuite. suite. juive. pituite.
B tui le. fui te. sui te. jui ve. pi tui te.
C t l f t s t j v p t t
D ui e. ui e. ui e. ui e. i ui e.

Assemblage.

le, tui, te, fui, te, sui, ve, jui, te, tui, pi.

Recapitulation.

Louise. Louisiane. fuite. jouis-
sance. Suède. duègne. Suédoise.
tuile. suite. juive. pituite.

XIIIe LEÇON.

Éléments.

Consonnes simples.

d m s r n v t

Consonnes composées et inséparables.

bl ch cl fl

Consonnes doubles.

tt mm

Voyelles simples et brèves.

é e a o i

Voyelles simples et longues.

ê â û

Voyelles doubles.

ou eu ai

Voyelles nasales.

an on

---

blanche. blême. blonde. blâme.

blan che.   blê me.   blon de.   blâ me.
bl   ch   bl   m   bl   d   bl   m
an   e.   ê   e.   on   e.   â   e.

Assemblage.

he, blan, me, blê, de, blon, me,
lâ.

---

cloche. claire. clamesi. clarine.

clo che.   clai re.   cla me si.   cla ri ne.
cl   ch   cl   r   cl   m   s   cl   r   n
o   e.   ai   e.   a   e   i. a   i   e.

Assemblage.

che, clo, re, clai, si, me, cla, ne,
ri, cla.

A flore. fleuve. flûte. flotte. flamme.
B flo re. fleu ve. flû te. flo tte. fla mme.
C fl r   fl v   fl t   fl tt   fl mm
D o e.   eu e.   û e.   o e.   a   e.

Assemblage.

re, flo, ve, fleu, te, flû, tte, flo, mme, fla.

Récapitulation.

flore. blanche. cloche. blême. blonde. blâme. claire. clamesi. clarine. fleuve. flûte. flotte. flamme.

XIVe LEÇON.

Eléments.

Consonnes simples.

t b d n m g v s r

Consonnes composées et inséparables.

gl pl fr

Voyelles simples et brèves.

o e a u i è

Voyelles simples et longues.

ê

Voyelles doubles.

ou au

Voyelles nasales.

on an

Diphthongues simples.

ia io

Diphthongues nasales.

ian

A	gloire.	glouton.	globe.	glande.
B	gloi re.	glou ton.	glo be.	glan de.
C	gl r	gl t	gl b	gl d
D	oi e.	ou on.	o e.	an e.

Assemblage.

re, gloi, ton, glou, be, glo, de, glan.

A	plume.	pluviale.	plante.	pluviôse.
B	plu me.	plu via le.	plan te.	plu viô se.
C	pl m	pl v l	pl t	pl v s
D	u e.	u ia e.	an e.	u iô e.

Assemblage.

me, plu, le, via, plu, te, plan, se, viô, plu.

A frère. fraude. friandise. friche.
B frè re. frau de. frian di se. fri che.
C fr r fr d fr d s fr ch
D è e. au e. ian i e. i e.

Assemblage.

re, frè, de, frau, se, di, frian, che, fri.

Récapitulation.

gloire. glouton. globe. plume.
frère. glande. pluviale. plante.
pluviôse. fraude. friandise. friche.

XVe LEÇON.

Eléments.

Consonnes simples.

v d n l m b c t r

Consonnes composées et inséparables.

gr pr tr ch

Voyelles simples et brèves.

i e a é o

Voyelles doubles.

ai ou

Voyelles nasales.

an

Diphthongues nasales.

ion

A grive.   grave.   grande.   graine.
B gri ve.   gra ve.   gran de.   grai ne.
C gr v   gr v   gr   d   gr   n
D i e.   a e.   an e.   ai e.

Assemblage.

ve, gri, ve, de, gran, gra, ne, grai.

A praline.   prime.   probe.   probité.
B pra li ne. pri me.   pro be.   pro bi té.
C pr l n   pr m   pr b   pr b t
D a i e.   i e.   o e.   o i é.

Assemblage.

ne, li, pra, me, pri, be, pro, té, bi, pro.

A tribune.   tricolore.   tranché.   trou.
B tri bu ne. tri co lo re. tran ché.   trou.
C tr b n   tr c l r   tr ch   tr
D i u e.   i o o c.   an é.   ou.

Assemblage.

ne, bu, tri, re, lò, co, tri, ché, tran, trou.

Récapitulation.

grive. praline. tribune. grave. prime. grande. probe. graine. tricolore. tranché. trou.

XVIᵉ LEÇON.

Eléments.

Consonnes simples.

s c m n t d

Consonnes composées et inséparables.

vr bl mn pn ps

Voyelles simples et brèves.

a e é o

Voyelles doubles.

ai eu au y

Voyelles nasales.

an em on

Diphthongues simples.

ui ie

A	vraisemblance.				vrai.	cuivre.
B	vrai	sem	blan	ce.	vrai.	cui vre.
C	vr	s	bl	c	vr	c vr
D	ai	em	an	e.	ai.	ui e.

Assemblage.

ce, blan, sem, vrai, vrai, vre, cui.

A	pneumonie.		Mnémon.		pneumatose		
B	pneu mon	ie.	Mné	mon.	pneu	ma	to se
C	pn	m n	Mn	m	pn	m	t s
D	eu o	ie.	é	on.	eu	a o	e

Assemblage.

nie, mon, pneu, mon, Mné, se, to, ma, pneu.

A	psaume.	pseudonyme.			psalmodie.		
B	psau me.	pseu do ny me.			psal mo die.		
C	ps m	ps	d n	m	ps	m	d
D	au e.	eu o y e.			al	o	ie.

Assemblage.

me, psau, me, ny, do, pseu, die, mo, psal.

Récapitulation.

vraisemblance. pneumonie. psal-
modie. Mnémon. vrai. cuivre.
pneumatose. pseudonyme. psaume.

XVIIe LEÇON.

Éléments

Consonnes simples.

r　t　l　b

Consonnes composées et inséparables.

sp　sb　scr　st　bl　str　sc

Voyelles simples et brèves.

a　e　i　u　é　o

Voyelles nasales.

on　in

A	Sparte.	spirale.	spahis.	spatule.
B	Spar te.	spi ra le.	spa his.	spa tu le.
C	Sp t	sp r l	sp h	sp t l
D	ar e.	i a e.	a is.	a u e.

Assemblage.

te, Spar, le, ra, spi, his, le, spa,
tu, spa.

A sbire. scapin. scribe. scrupule.
B sbi re. sca pin. scri be. scru pu le.
C sb r sc p scr b scr p l
D i e. a in. i e. u u e.

re, sbi, pin, sca, be, scri, le, pu, scru.

A stable. store. stabilité. Strabon.
B sta ble. sto re. sta bi li té. Stra bon.
C st bl st r st b l t Str b
D a e. o e. a i i é. a on.

ble, sta, re, sto, té, li, bi, sta, bon, Stra.

Récapitulation.

Sparte. stable. spirale. spahis. store. spatule. sbire. scapin. scribe. scrupule. stabilité. Strabon.

XVIII LEÇON.

Eléments.

Consonnes simples.

r x l s z n

Voyelles simples et brèves.

i e u

Diphthongues composées.

ieu

A rixe. luxure. luzerne. luxurieuse.
B ri xe. lu xu re. lu zer ne. lu xu rieu se.
C r x   l x r   l z n   l x r   s
D i e. u u e. u ér e. u u ieu e.

Assemblage.

xe, ri, re, xu, lu, ne, zer, lu, se, rieu, xu, lu.

Récapitulation générale des consonnes et voyelles composées.

chevron. lèvre. tringle. sable. clou. flan. glouton. branche. bronze. blonde. glouton. frère. frire. pli. brin. cri. cadre. fronde. Ptolémé. stable. gré. prime. cloître. strié. spatule. rixe. Strabon. stable. store. stabilité. stipe. sbire. pneumonie. cuivre. psaume. scribe. scrupule. grive. praline. tribune. grade.

graine. gradé. prédication. tricolore. trame. trou. tranche. gloire.
globe. plume. plante. glande.
plombage. frêle. fleuve. clou. flotte.
flûte. cloche. blâme. blason. fouine.
juive. tuile. nation.

XIXe LEÇON.

Eléments.

Consonnes simples.

j   r   d   m   c   t   b   v   l   s   n

Consonnes composées et inséparables.

sc

Voyelles simples et brèves.

u   e   o   a   é   i

Voyelles doubles.

ai

Voyelles nasales.

en

Diphthongues simples.

ua

Diphthongues nasales.

ion

A abdication.   abdomen.   obscure.
B ab di ca tion.   ab do men.   ob scu re.
C a d c t   a d m   o sc r
D b i a ion.   b o en.   b u e.

Assemblage.

tion, ca, di, ab, men, do, ab, re, scu, ob.

A action. octave. activité. actualité.
B ac tion. oc ta ve. ac ti vi té. ac tua li té.
C a t o t v a t v t a t l t
D c ion. c a e c i i é. c ua i é.

Assemblage.

ac, té, tion, ve, ta, oc, té, vi, ti, ac, li, tua, ac.

A adversaire. admiration. admire.
B ad ver sai re. ad mi ra tion. ad mi re.
C a v s r a m r t a m r
D d er ai e. d i a ion. d i e.

Assemblage.

re, sai, ver, ad, tion, ra, mi, ad, re, mi, ad.

Récapitulation.

abdication. action. adversaire. abdomen. obscure. octave. activité. actualité. adversaire. admiration. admire.

XXᵉ LEÇON.

Éléments.

Consonnes simples.

l   b   t   d   p   f   r   n

Consonnes doubles.

nn

Consonnes composées et inséparables.

pt   dr

Voyelles simples et brèves.

a   e   i   o   u   è

Voyelles doubles.

eu

Voyelles nasales.

an

Diphthongues nasales.

ion

A alcali. Albi. alto. altitude. alsine.
B al ca li. Al bi. al to. al ti tu de. al si ne.
C a c l A b a t a t t d a s n
D l a i. l i. l o. l i u e. l i e.

Assemblage.

li, ca, al, bi, al, to, al, de, tu, ti, al, ne, si, al.

A aptitude. option. optimè. optatif.
B ap ti tu de. o ption. o pti mè. o pta tif.
C a t t d o ion. o i è pt t
D p i u e. pt pt m o a if.

Assemblage.

de, tu, pti, a, ption, o, ti, mè, op, tif, pta, o.

A ordonnance. ardeur. ordre. ordo.
B or do nnan ce. ar deur. or dre. or do.
C o d nn c a d r o dr o d
D r o an e. r eu r e. r o.

Assemblage.

ce, nnan, do, or, deur, ar, dre, or, do, or.

Récapitulation.

ordonnance. alcali. alto. Albi. altitude. alsine. aptitude. option. optimè. optatif. ardeur. ordo. ordre.

XXIᶜ LEÇON.

Éléments.

Consonnes simpl. s.

p s r t c l m q f

Consonnes composées et inséparables.

ph pl

Voyelles simples et brèves.

e a i

Voyelles nasales.

an

Diphthongues nasales.

ion

Dipthongues simples.

ue

A aspersion. aspiration. espérance.
B as per sion. as pi ra tion. es pé ran ce.
C a p s apr t e p r c
D s er ion. s i a ion. s é an e.

Assemblage.

sion, per, as, tion, ra, pi, as, ce, an, pér, es.

A atlas. atmosphère. atmosphérique
B at las. at mos phè re. at mos phé ri que.
C a l a m ph r a m ph r q
D t as. t os è e. t os é i ue.

Assemblage.

las, at, re, phè, mos, at, que, ri, phé, mos, at.

A amputation. amplification. ample.
B am pu ta tion. am pli fi ca tion. am ple.
C a p t t a pl f c t a pl
D m u a ion. m i i a ion. m e.

Assemblage.

tion, ta, pu, am, tion, ca, fi, pli, am, ple, am.

Récapitulation.

atlas. amputation. aspersion. aspiration. ample. espérance. atmosphère. atmosphérique. amplification.

XXIIe LEÇON.

Eléments.

Consonnes simples:

c d n l t m r f s

Consonnes doubles.

ss

Consonnes composées et inséparables.

cr gn

Voyelles simples et brèves.

a o e u i é

Voyelle longue.

ô

Voyelles nasales.

an on

Diphthongues simples.

ui

Diphthongues nasales.

ion ien

A ancre. onde. Ancône. ondulation.

B an cre. on de. An cô ne. on du la tion.

C a cr o d A c n o d l t

D n e. n e. n ô e n u a ion.

Assemblage.

cre, an, de, on, ne, cô, an, tion, la,
du, on.

A	mixture.	mixtiligne.	mixtion.
B	mix tu re.	mix ti li gne.	mix tion.
C	m t . r	m t l gn	m t
D	ix u e.	ix i i e.	ix ion.

Assemblage.

re, tu, mix, gne, li, ti, mix, tion,
mix.

A	fierté.	suif.	cuirassier.	cuisinier.
B	fier té.	suif.	cui ra ssier.	cui si nier.
C	f t	s f.	c r ss	c s n
D	ier é.	ui	ui a ier.	ui i ier.

Assemblage.

té, fier, suif, ssier, ra, cui, nier,
si, cui.

Récapitulation.

ancre. onde. mixture. Ancône. ondulation. fierté. suif. cuirassier.
cuisinier. mixtiligne. mixtion.

XXIIIe LEÇON.

Eléments.

Consonnes simples.

p t m l d j g r v n f b

Consonnes composées et inséparables.

ch

Voyelles simples et brèves.

a e i é

Voyelles simples et longues.

â ô ê î û

Voyelles doubles.

oû eû

A pâte. mâle. dôme. jeûne. pêche.
B pâ te. mâ le. dô me. jeû ne. pê che.
C p t m l d m j n p ch
D â e. â e. ô e. eû e. è e.

Assemblage.

te, pâ, le, mâ, me, dô, ne, jeû, che, pê.

A mûre. voûte. rôle. vêtu. dîné.
B mû re. voû te. rô le. vê tu. di né.
C m r v t r l v t d n
D û e. oû e. ô e. ê u. î é.

5

Assemblage.

re, mû, te, voû, le, rô, tu, vê, né,
dî.

A   pâté. fête. tête. bûche. gâté. bêle.
B   pâ té. fê te. tè te. bû che. gâ té bè le.
C   p t f t t b ch g t b l
D   â é. ê e. ê e. û e. â é. ê c.

Assemblage.

té, pâ, te, fê, te, tê, che, bû, té gâ,
le, bê.

Récapitulation.

pâté. pâte. mâle. dôme. jeûne.
pêche. mûre. voûte. rôle. vêtu.
dîné. fête. tête. bûche. gâté. bêle.

XXIVe LEÇON.

Éléments.

Consonnes simples.

p d t g c h v m

Consonnes composées et inséparables.

ch pl tr bl vr pr

Voyelles simples et brèves.

e   u   é

Voyelles simples et longues.

ê   â   î   ô

A	pêcheur.	dépêche.	prête.	plâtre.
B	pê cheur.	dé pê che.	prê te.	plâ tre.
C	p ch	d p ch	pr t	pl tr
D	è eur.	é ê e.	è e.	â e.

Assemblage.

cheur, pê, che, pê, dé, te, prê, tre, plâ.

A	champêtre.	Pentecôte.	Hâvre.
B	cham pê tre.	Pen te cô te.	Hâ vre.
C	ch p. tr	P t c t	H vr
D	am ê e.	en e ô e.	â e.

Assemblage.

tre, pê, cham, te, cô, te, Pen, vre, Hâ.

A	bâton.	gâche.	contrôle.	blâme.
B	bâ ton.	gâ che.	con trô le.	blâ me.
C	b t	g ch	c tr l	bl m
D	â on	â e.	on ô e.	â e.

Assemblage.

ton, bâ, che, gâ, le, trô, con, me, blâ.

Récapitulation.

pêcheur. bâton. dépêche. champêtre. gâche. prête. plâtre. Pentecôte. Hâvre. contrôle. blâme.

XXVe LEÇON.

Eléments.

Consonnes simples.

b   v   r   d

Consonnes composées et inséparables.

gr   fl   ch   gn   bl

Consonnes doubles.

nn   mm   nn   rr   pp   tt   ss

Voyelles simples et brèves.

a   e   é   è   i   o   u

A griffe. bonne. flamme. chienne.

B gri ffe. bo nne. fla mme. chie nne.

C gr ff. b nn. fl mm. ch nn.

D i e. o e. a e. ie e.

Assemblage.

*f*fe, *n*ne, gri, bo, *m*me, fla, *n*ne, chie.

———

A nappe. pa*t*te. ste*pp*e. chasse. botte
B na *pp*e.   pa *t*te.   ste *pp*e.   cha sse.   bo *t*te.
C n *pp*   p *t*t   st *pp*   ch ss   b *t*t
D a e.   a e.   e e   a e.   o e.

Assemblage.

*pp*e, na, *t*te, pa, *pp*e, ste, sse, cha, *t*te, bo.

———

A rossignol. cha*t*te. do*n*né. blessé.
B ro ssi gnol.   cha *t*te.   do *n*né.   ble ssé.
C r ss gn   ch *t*t   d *n*n   bl ss
D o i ol.   a e.   o é.   e é.

Assemblage.

gnol, ssi, ro, *t*te, cha, *n*né, do, ssé, ble.

———

Récapitulation.

gri*ff*e. bo*n*ne. fla*mm*e. chie*n*ne. nappe. pa*t*te. ste*pp*e. chasse. botte. rossignol. cha*t*te. do*n*né. blessé.

———

XXVIᵉ LEÇON.

Récapitulation de la deuxième classe.

Papa fume sa pipe. La capote du militaire. Un canon fondu. Un cheval borgne. Le fusi*l*. La salle de police. Le signal du feu. Le maréchal saigne mon cheval borgne. Un fourgon. La cartouche. La soupière. La clé. La viande. La broche. Le drapeau. La cocarde. La tache. Le sabre. La giberne. Le bonnet. Le ceinturon. Le mortier. Le galon. La capsule. Le caporal de garde dormira sur le bois dur. La parade va finir. Le canon gronde là-bas. La troupe franchira le fleuve. Tête droite. Le soldat doit saluer son chef. Le brave se montre.

XXVIIe LEÇON.

Récapitulation des éléments.

Voyelles simples et brèves.

a   e   é   è   i   o   u   y

Voyelles doubles.

œu   eu   ou   ai   au

Voyelles nasales.

en   an   in   on   un   ain   ein

Voyelles simples et longues.

â   ê   î   ô   û

Diphthongues simples.

ia   ie   io   oe   oi   ué   ni   ua   ié   iè

Diphthongues composées.

iai   iau   ieu   iou   oue   oui

Diphthongues nasales.

ian   ien   ion   oin   ouin   uin

Consonnes simples.

p   r   m   d   l   b   f   n   t   j   v

k   z   c   g   h   x   q   w

Consonnes composées et inséparables

bl   cl   fl   gl   pl   br   cr   dr   fr

gr   pr   ch   tr   vr   mn   pn   ps

pt   sb   sp   sc   scr   st   str   cs

gz   ph   sph   rh   ct

Consonnes doubles.

bb   ff   cc   ll   mm   nn   rr   ss

pp   tt

XXVIIIe LEÇON.

Équivalents.

Le son **eu** est quelquefois représenté par **œu**.

A	bœuf.	cœur.	manœuvre.	sœur.
B	b œuf.	c œur.	ma nœu vre.	s œur.
C	b	c	m n vr	s
D	œuf.	œur.	a œu e.	œur.

Le son **i** est quelquefois représenté par **y**.

A	mystère.	jury.	tyran.	mystique.
B	mys tè re.	ju ry.	ty ran.	my sti que.
C	m t r	j r	t r	m st q
D	ys è e.	u y.	y an.	y i ue.

Le son **ii** est quelquefois représenté par **y**.

A	paysanne.	moyen.	pays.	tutoyer.
B	pay sa nne.	moy en.	pay s.	tu toy er.
C	p s nn	m en.	p s.	t t e
D	ay a e.	oy	ay	u oy r.

bœuf, cœur, vre, nœu, ma, sœur.

re, tè, mys, ry, ju, ran, ty, que, ti, mys.

nne, sa, pay, yen, mo, ys, pa, yer, to, tu.

XXIXe LEÇON.

Equivalents.

Le son **s** est quelquefois représenté par **ç**.

A	façade.	maçon.	suçoir.	garçon.
B	fa ça de.	ma çon.	su çoir.	gar çon.
C	f ç d	m ç	s ç	g ç
D	a a e.	a on.	u oir.	ar on.

Le son **cs** est quelquefois représenté par **x** (cse).

A	maxime.	Fox.	Xerxès.	maximum.
B	ma xi me.	Fox.	Xer xès.	ma xi mum.
C	m x m	F	X x	m x m
D	a i e.	ox.	er ès.	a i um.

Le son **f** est quelquefois représenté par **ph** (fe).

A	phare.	sphère.	phénix.	phosphore
B	pha re.	sphè re.	phé nix.	phos pho re
C	ph r	sph r	ph n	ph ph r
D	a e.	è e.	é ix.	os o e

Récapitulation par assemblage.

de, ça, fa, çon, ma, çoir, su, çon, gar.

me, xi, ma, Fox, xès, Xer, mum, xi, ma.

re, re, pha, re, sphè, nix, phé, pho, phos.

XXXᵉ LEÇON.

Equivalents.

Le son **è** est quelquefois représenté par **e**.

A	mortel.	chef.	berline.	désertion.
B	mor tel.	chef.	ber li ne.	dé ser tion.
C	m t	ch	b l n	d s t
D	or el.	ef.	er i e.	é er ion.

Le son **se** est quelquefois représenté par **ce.**

A	force.	glace.	caprice.	cicatrice.
B	for ce.	gla ce.	ca pri ce.	ci ca tri ce.
C	f c	gl c	c pr c	c c tr c
D	or e.	a e.	a i e.	i a i e.

Le son **si** est quelquefois représenté par **ci.**

A	cidre.	citron.	cirage.	cécité.	ceci.
B	ci dre.	ci tron.	ci ra ge.	cé ci té.	ce ci.
C	c dr	c tr	c r g	c c t	c c
D	i e.	i on.	i a e.	é i é.	e i.

Récapitulation par assemblage.

tel, mor, chef, ne, li, ne, tion, ser, dé.

ce, tri, ca, ci, ce, for, ce, gla, ce, pri, ca.

ci, ce, dre, ci, tron, ci, ge, ra, ci, té, ci, cé.

XXXIe LEÇON.

Equivalents.

Le son **je** est quelquefois représenté par **ge**.

A	juge.	genou.	cage.	gémir.	givre.
B	ju ge.	ge nou.	ca ge.	gé mir.	gi vre.
C	j g	g n	c g	g m	g vr
D	u e.	e ou.	a e	é ir.	i e.

Le son **ji** est quelquefois représenté par **gi**.

A	giberne.	régime.	girafe.	giroflée.
B	gi ber ne.	ré gi me.	gi ra fe.	gi ro flée.
C	g b n	r g m	g r f	g r fl
D	i er e.	é i e.	i a e.	i o ée.

Le son **z** est toujours représenté par **s** lorsque cette lettre se trouve entre deux voyelles.

A	garnison.	toison.	rasoir.	salaison.
B	gar ni son.	toi son.	ra soir.	sa lai son.
C	g n s	t s	r s	s l s
D	ar i on.	oi on.	a oir.	a ai on.

Récapitulation par assemblage.

ge, ju, nou, ge, ge, ca, mir, vre,
gi, gé.

ne, ber, gi, me, gi, ré, fe, ra, gi, flée, ro, gi.

son, ni, gar, son, toi, soir, ra, son, lai, son.

XXXIIe LEÇON.

Equivalents.

Le son **si** est souvent représenté par **ti**.

A	faction.	nation.	ration.	martial.
B	fac tion.	na tion.	ra tion.	mar tial.
C	f t	n t	r t	m t
D	ac ion.	a ion.	a ion.	ar ial.

Le son **gz** est quelquefois représenté par **x** (cse).

A	exercice.	exorde.	exigu.	exalté.
B	ex er ci ce.	ex or de.	exi gu.	exal té.
C	e e c c	e o d	e i u.	e al é.
D	x r i e.	x r e.	x g	x t

Le son **c** est quelquefois représenté par **qu** (eû).

A	quatre.	évêque.	banque.	brique.
B	qua tre.	évê que.	ban que.	bri que.
C	qu tr	é qu	b qu	br qu
D	a e.	vê e.	an e.	i e.

Récapitulation par assemblage.

tion, fac, tion, na, tion, ra, tial, mar.

ce, ci, er, ex, de, or, ex, gu, exi, té, exal.

tre, qua, que, évê, que, ban, que, bri.

XXXIIIe LEÇON.

Equivalents.

Le son **è** est souvent représenté par **ai.**

A	vinaigre.	délai.	chaîne.	maître.
B	vi nai gre.	dé lai.	chaî ne.	maî tre.
C	v n gr	d l	ch n	m tr
D	i ai e.	é ai.	aî e.	aî e.

Le son **è** est souvent représenté par **ei.**

A	reine.	Seine.	baleine.	enseigne.
B	rei ne.	Sei ne.	ba lei ne.	en sei gne.
C	r n	S n	b l n	e s gn
D	ei e.	ei e.	a ei e.	n ei e.

Le son **è** est souvent représenté par **et**, est.

A poulet. bouquet. projet. bilboquet.
B pou let. bou quet. pro jet. bil bo quet.
C p   l   b   qu   pr j   b   b   qu
D ou et. ou   et.   o et. il o   et.

Récapitulation par assemblage.

gre, nai, vi, lai, dé, ne, chaî, tre,
maî, ne, plai.

ne, rei, ne, Sei, ne, lei, ba, gne,
sei, en.

let, quet, pou, quet, bou, jet, pro,
bo, bil.

XXXIVe LEÇON.

Équivalents.

Le son **è** est souvent représenté par **es**.

A les. des. ces. mes. tes. ses.
B les. des. ces. mes. tes. ses.
C l   d   c   m   t   s
D es. es. es. es. es. es.

Le son **è** est souvent représenté par **e** devant les
doubles consonnes.

A dette. nacelle. nouvelle. belle.
B de tte. na ce lle. nou ve lle. be lle.
C d tt n c ll n v ll b ll
D e e. a e e. ou e e. e e.

Le son **é** est souvent représenté par **er**.

A cocher. oranger. poirier. manger.
B co cher. o ran ger. poi rier. . man ger.
C c ch o r g p ri m g
D o er. an er. oi er. an er.

Récapitulation par assemblage.

les, mes, des, ses, ces, tes.
tte, de, lle, ce, na, lle, ve, nou,
lle, be.
cher, co, ger, ran, o, er, ri, poi,
ger, man.

XXXVe LEÇON.

Equivalents.

Le son **é** est souvent représenté par **ez**.

A	nez.	chez.	lisez.	chantez.	goûtez.
B	nez.	chez.	li sez.	chan tez.	goû tez.
C	n	ch	l s	ch t	g t
D	ez.	ez.	i ez.	an ez.	où ez.

Le son **ô** est souvent représenté par **au**.

A	paume.	jaune.	pauvre.	taupe.
B	pau me.	jau ne.	pau vre.	tau pe.
C	p m	j n	p vr	t p
D	au e.	au e.	au e.	au e.

Le son **o** est quelquefois représenté par **eau**.

A	chameau.	bateau.	cadeau.	bureau
B	cha meau.	ba teau.	ca deau.	bu reau.
C	ch m	b t	c d	b r
D	a eau.	a eau.	a eau.	u eau.

Récapitulation par assemblage.

tez, goû, nez, chez, sez, li, tez, chan.

me, pau, ne, jau, vre, pau, pe, tau.

meau, cha, teau, ba, deau, ca, reau, bu.

XXXVI° LEÇON.

Équivalents.

Le son **s** est toujours représenté par **ss** entre deux voyelles.

A	tasse.	cassa.	boisson.	puissance.
B	ta sse.	ca ssa.	boi sson.	pui ssan ce.
C	t ss	c ss	b ss	p ss c
D	a e.	a a.	oi on.	ui an e.

Le son **an** est souvent représenté par **en**.

A	sensé.	pension.	rendu.	mentir.
B	sen sé.	pen sion.	ren du.	men tir.
C	s s	p s	r d	m t
D	en é.	en ion.	en u.	en ir.

Le son **an** est souvent représenté par **am**, **em**.

A	temple.	bambou.	tremble.	rampe
B	tem ple.	bam bou.	trem ble.	ram pe.
C	t pl	b b	tr bl	r p
D	em e.	am ou.	em e.	am e.

Récapitulation par assemblage.

sse, ta, ssa, ca, sson, boi, ce, ssan, pui.

sé, sen, sion, pen, du, ren, tir, men.

ple, tem, bou, bam, ble, trem, pe, ram.

XXXVIIe LEÇON.

Equivalents.

Le son **in** est souvent représenté par **im**, **ym**.

A	timbre.	simple.	timbale.	nymphe.
B	tim bre.	sim ple.	tim ba le.	nym phe.
C	t br	s pl	t b l	n ph
D	im e.	im e.	im a e.	ym e.

Le son **on** est souvent représenté par **om**.

A	tombe.	nombre.	pompe.	pronom.
B	tom be.	nom bre.	pom pe.	pro nom.
C	t b	n br	p p	pr n
D	om e.	om e.	om e.	o om.

Le son **ill** est souvent représenté par **il, ll**.

A	feuille.	deuil.	péril.	fille.	babil.
B	feu ille.	deu il.	pér il.	fi lle.	ba bil.
C	f ill	d il.	p r	f ll	b b
D	eu e.	eu	é il.	i e.	a il.

Récapitulation par assemblage.

bre, tim, ple, sim, le, ba, tim, phe, nym.

be, tom, bre, nom, pe, pom, nom, pro.

ille, feu, il, deu, il, pér, lle, fi, bil, ba.

XXXVIIIe LEÇON.

Récapitulation des équivalents.

La cicatrice du général. Une action glorieuse. Une giberne luisante. On force la consigne. Ce voltigeur gagnera la décoration demain. La leçon de la manœuvre sera faite ce soir. La loyauté du militaire sera récompensé. Le coquin sera puni des galères par le juge. La tombe du peintre sera le deuil du cœur. Le général empêchera le carnage du camp.

XXXIXe LEÇON.

Lettres muettes.

a dans :

A pain. écrivain. main. complainte.
B pain. é cri vain. main. com plain te.
C p é i ain. m c pl t
D ain. cr v ain. om ain e.

e dans :

A peintre. teindre. ceinture. teinture
B pein tre. tein dre. cein tu re. tein tu re
C p tr t dr c t r t t r
D ein e. ein e. ein u e. ein u e

e dans :

A beauté. manteau. rideau. drapeau.
B beau té. man teau. ri deau. dra peau.
C b t m t r d dr p
D eau é. an eau. i eau. a eau.

Récapitulation par assemblage.

vain, cri, é, pain, te, main, plain, com.

tre, pein, dre, tein, re, tu, cein, re, tu, tein.

teau, man, té, beau, deau, ri, peau, dra.

XLe LEÇON.

Lettres muettes.

e dans :

A	patrie.	armée.	figure.	rhume.
B	pa trie.	ar mée.	fi gu re.	rhu me.
C	p tr	a m	f g r	rh m
D	a ie.	r ée.	i u e.	u e.

u dans :

A	langue.	guêpe.	languir.	languette.
B	lan gue.	guê pe.	lan guir.	lan guette.
C	l g	g p	l g	l g tt
D	an ue.	uê e.	an uir.	an ue e.

h dans :

A	r*h*ume.	t*h*éâtre.	*h*abile.	*h*omme.
B	r*h*u me.	t*h*éâ tre.	*h*a bi le.	*h*o mme.
C	r*h* m	t*h* â e.	*h* b l	*h* mm
D	u e.	é tr	a i e.	o e.

Récapitulation par assemblage.

trie, pa, mé*e*, ar, r*e*, gu, fi, me, r*h*u.

gue, lan, pe, gu*ê*, gu*i*r, lan, guette, lan.

me, r*h*u, tre, t*h*é, â, le, bi, *h*a, mme, *h*o.

XLIᵉ LEÇON.

Lettres muettes.

---

c dans :

A	taba*c*.	sa*cc*ade.	o*cc*upé.	sa*cc*age.
B	ta ba*c*.	sa *cc*a de.	o *cc*u pé.	sa *cc*a ge.
C	t b	s *cc* d	o u é.	s *cc* g
D	a a*c*.	a a e.	*cc* p	a a e.

d final dans :

A	ni*d*.	fon*d*.	gran*d*.	fécon*d*.	froi*d*.
B	ni*d*.	fon*d*.	gran*d*.	fé con*d*.	froi*d*.
C	n	f	gr	f c	fr
D	i*d*.	on*d*	an*d*.	é on*d*.	oi*d*.

Dans les doubles consonnes, la première est presque toujours muette.

A	ba*l*lon.	po*m*me.	beu*r*re.	bossu.
B	ba *l*lon.	po *m*me.	beu *r*re.	bo ssu.
C	b *l*l	p *m*m	b *r*r	b ss
D	a on.	o e.	eu e.	o u.

Récapitulation par assemblage.

bac, ta, de, *c*ca, sa, pé, *c*cu, o, ge, *c*ca, sa.

con*d*, fé, ni*d*, fon*d*, gran*d*, froi*d*.

*l*lon, ba, *m*me, po, *r*re, beu, ssu, bo. :

XLIIe LEÇON.

Lettres muettes.

s final dans :

A	abus.	repas.	secours.	surpris.	gros
B	a bus.	re pas.	se cours.	sur pris.	gros.
C	a us.	r p	s c	s pr	gr
D	b	e as.	e ours.	ur is.	os.

g final dans :

A	sang.	poing.	seing.	étang.	hareng
B	sang.	poing.	seing.	é tang.	ha reng.
C	s	p	s	é ang.	h r
D	ang.	oing.	eing.	t	a eng.

x final dans :

A	croix.	faux.	prix.	jaloux.	époux.
B	croix.	faux.	prix.	ja loux.	é poux.
C	cr	f	pr	j l	é oux.
D	oix.	aux.	ix.	a oux.	p

Récapitulation par assemblage.

bus, a, pas, re, cours, se, pris, sur, gros.

sang, poing, seing, tang, é, reng, ha.

croi*x*, fau*x*, pri*x*, lou*x*, ja, pou*x*, é.

XLIIIe LEÇON.

Lettres muettes.

s marque du pluriel.

A	mère*s*.	père*s*.	habile*s*.	blanche*s*.
B	mè re*s*.	pè re*s*.	ha bi le*s*.	blan che*s*.
C	m r	p r	h b l	bl ch
D	è e*s*.	è e*s*.	a i e*s*.	an e*s*.

x marque du pluriel.

A	château*x*.	canau*x*.	bocau*x*.	bau*x*.
B	châ teau*x*.	ca nau*x*.	bo cau*x*.	bau*x*.
C	ch t	c n	b c	b
D	â eau*x*.	a au*x*.	o au*x*.	au*x*.

ds, gs, ps, ts dans :

A	rond*s*.	étang*s*.	drap*s*.	lit*s*.	bruit*s*.
B	rond*s*.	é tang*s*.	drap*s*.	lit*s*.	brui*ts*.
C	r	é ang*s*.	dr	l	br
D	on*ds*.	t	ap*s*.	i*ts*.	ui*ts*.

Récapitulation par assemblage.

res, mè, res, pè, les, bi, ha, ches, blan.

teau*x*, châ, nau*x*, ca, cau*x*, bo, bau*x*.

tan*gs*, é, ron*ds*, dra*ps*, li*ts*, brui*ts*.

XLIVe LEÇON.

Lettres muettes.

---

s dans :

A tu chante*s*. nous liso*ns*. vous dîte*s*

B	tu	chan	te*s*.	nous	li	so*ns*.	vous	dî	te*s*.
C	t	ch	t	n	l	s	v	d	t
D	u	an	e*s*.	ous	i	o*ns*.	ous	î	e*s*.

---

ds dans :

A tu ven*ds*. tu pren*ds*. tu cou*ds*.

B	tu	ven*ds*.	tu	pren*ds*.	tu	cou*ds*.
C	t	v	t	pr	t	c
D	u	en*ds*.	u	en*ds*.	u	ou*ds*.

---

t dans :

A mancho*t*. le peti*t* so*t*. sor*t*. le toi*t*

B	man	cho*t*.	le	pe	ti*t*	so*t*.	sor*t*.	le	toi*t*.
C	m	ch	l	p	t	s	s	l	t
D	an	o*t*.	e	e	i*t*	o*t*.	or*t*.	e	oi*t*.

Récapitulation par assemblage.

tes, chan, tu, sons, li, nous, tes, dî, vous.

vends, tu, prends, tu, couds, tu.

chot, man, sot, tit, pe, le, sort, toit, le.

___

XLVe LEÇON.

Lettres muettes.

___

nt dans :

A ils lisent. ils passent. ils miaulent

B ils li sent. ils pa ssent. ils miau lent.

C i l s   i   p ss   i   m au ent.

D ls i ent. ls   a   ent. ls   i   l

___

ent dans :

A elles cousaient. ils vendraient.

B elles cou saient. ils ven draient.

C e   c   s   i   v   dr

D lles ou aient. ls   en   aient.

___

p, a, e, o dans :

A champ. août. asseoir. faon. drap.

B champ. août. a sseoir. faon. drap.

C ch   a   a   f   dr

D amp. oût. sseoir. aon. ap.

___

Récapitulation par assemblage.

e*nt*, lis, ils, sse*nt*, pa, ils, le*nt*, miau, ils.

sai*ent*, cou, elles, drai*ent*, ven, ils.

sse*oir*, a, cham*p*, *août*, dra*p*, fa*on*.

XLVIᵉ LEÇON.

Récapitulation des lettres muettes.

Les solda*ts* courageu*x* ne craigne*nt* pas le feu. Le fantassin ne crain*t* pas le cavalie*r*. Le drap*eau* du régime*nt* *g*uide dans le comba*t*. Un peti*t* discour*s* encourage le militaire. La fureur du comba*t*. La cano*nn*ade lointaine. Le fusi*l* du régime*nt*. E*ch*o du canon. Le kilomètre vau*t* mi*ll*e mètre*s* ici. La France sera toujours un beau pays. Le peti*t* mancho*t* sor*t*.

7*

XLVIIe LEÇON.

Récapitulation générale.

A pilote. figure. salive. parade.
B pi lo te. fi gu re. sa li ve. pa ra de.

Assemblage.

te, lo, pi, re, gu, ve, fi, li, sa, de,
ra, pa.

A farine. cirage. marine. remède.
B fa ri ne. ci ra ge. ma ri ne. re mè de.

Assemblage.

de, ne, ri, fa, ge, ra, ci, ne, ri,
ma, mè, re.

A capote. capucine. bavure. remise
B ca po te. ca pu ci ne. ba vu re. re mi se

Assemblage.

te, po, ca, ne, ci, pu, ca, re, vu, ba,
se, mi, re.

A capitale. minute. pipe. légume.
B ca pi ta le. mi nu te. pi pe. lé gu me.

Assemblage.

le, ta, pi, ca, mi, te, nu, pe, pi, gu, lé, me.

A cabane. bête. café. côté. volume.

B ca ba ne. bê te. ca fé. cô té. vo lu me.

Assemblage.

ne, ba, te, ca, bê, fé, ca, té, cô, lu, me, vo.

A lire. lune. famine. cave. navire.

B li re. lu ne. fa mi ne. ca ve. na vi re.

Assemblage.

re, li, ne, lu, ne, mi, fa, ve, ca, re, vi, na.

A tôle. savate. badine. mine. rire.

B tô le. sa va te. ba di ne. mi ne. ri re.

Assemblage.

le, tô, te, va, sa, ne, di, ba, ne, mi, re, ri.

A âne. épi. orage. île. école. ami.

B â ne. é pi. o ra ge. î le. é co le. a mi.

Assemblage.

ne, â, pi, ge, é, ra, o, le, î, le, co, é, mi, a.

A Arabie. Italie. étape. élève. utile.
B A ra bie. I ta lie. é ta pe. é lè ve. u ti le.

Assemblage.

bie, ra, A, ta, I, lie, pe, ta, é, ve, lè, é, lè, ti, u.

A image. égalité. abîme. aliéné.
B i ma ge. é ga li té. a bî me. a lié né.

Assemblage.

ge, ma, i, té, li, ga, é, me, bî, a, né, a, lié.

XLVIIIᵉ LEÇON.

Récapitulation générale (*suite*).

A bouton. milieu. pouce. rouille.
B bou ton. mi lieu. pou ce. rou ille.

Assemblage.

ton, bou, lieu, mi, ce pou. ille, rou.

A carte. ambulance. soupe. zouave.
B car te. am bu lan ce. sou pe. zoua ve.

Assemblage.

te, car, ce, lan, bu, am, pe, sou, ve, zoua.

A couverture. turco. chapeau. fonte.
B cou ver tu re. tur co. cha peau. fon te.

Assemblage.

re, tu, ver, cou, co, tur, peau, cha, te, fon.

A capucine. vétérinaire. garance.
B ca pu ci ne. vé té ri nai re. ga ran ce.

Assemblage.

ne, ci, pu, ca, re, nai, ri, té, vé, ce, ran, ga.

A capitaine. colonie. dépense. route.
B ca pi tai ne. co lo nie. dé pen se. rou te.

Assemblage.

ne, tai, pi, ca, nie, lo, co, se, pen, dé, te, rou.

A marmite. boule. bataille. tripoli.
B mar mi te. bou le. ba ta ille. tri po li.

Assemblage.

te, mi, mar, le, bou, ille, ta, ba, li, po, tri.

A bière. suite. soupière. reluire.
B biè re. sui te. sou piè re. re lui re.

Assemblage.

re, biè, te, sui, re, piè, sou, re, lui, re.

A dième. guérite. piége. jugulaire.
B diè te. gué ri te. pié ge. ju gu lai re.

Assemblage.

te, diè, te, ri, gué, ge, pié, re, lai, gu, ju.

A crinière. équipage. supériorité.
B cri niè re. é qui pa ge. su pé rio ri té.

Assemblage.

re, niè, cri, ge, pa, qui, é, té, ri, rio, pé, su.

A rivière. pitié. ratafia. piaculaire.
B ri viè re. pi tié. ra ta fia. pia cu lai re.

Assemblage.

re, viè, ri, tié, pi, fia, ta, ra, re, lai, cu, pia.

XLIXe LEÇON.

Récapitulation générale (*suite*).

A empereur. sénateur. général.
B em pe reur. sé na teur. gé né ral.

Assemblage.

reur, pe, em, teur, na, sé, ral, né, gé.

A colonel. lieutenant. sergent. obus.
B co lo nel. lieu te nant. ser gent. o bus.

Assemblage.

nel, lo, co, nant, te, lieu, gent, ser, bus, o.

A ceinturon. mousqueton. pompier.
B cein tu ron. mous que ton. pom pier.

Assemblage.

ron, tu, cein, ton, que, mous, pier, pom.

A pompon. livret. tampon. arsenal.
B pom pon. li vret. tam pon. ar se nal.

Assemblage.

pon, vret, pom, li, pon, tam, nal, se, ar.

A docteur. infirmier. mulet. cacolet.
B doc teur. in fir mier. mu let. ca co let.

Assemblage.

teur, doc, mier, fir, in, let, mu, let, co, ca.

A train. régiment. bidon. traversin.
B train. ré gi ment. bi don. tra ver sin.

Assemblage.

ment, train, gi, ré, don, bi, sin, ver, tra.

Lᵉ LEÇON.

Récapitulation générale (*suite*).

A coloré. rame. code. fixe. zône.
B co lo ré. ra me. co de. fi xe. zô ne.

Assemblage.

ré, ne, lo, co, ra, zô, me, co, xe, fi, de.

A pelote. cure. dame. dîné. famine.

B pe lo te. cu re. da me. dî né. fa mi ne.

Assemblage.

te, ne, mi, lo, pe, re, cu, me, da, né, dî, fa.

A badine. vanité. orage. économie.

B ba di ne. va ni té. o ra ge. é co no mie.

Assemblage.

ne, di, ba, té, ni, va, ge, ra, o, mie, no, co, é.

A écale. écotage. faction. combat.

B é ca le. é co ta ge. fac tion. com bat.

Assemblage.

le, ca, é, ge, ta, co, é, tion, fac, bat, com.

A tambour. artificier. bonnet. canon

B tam bour. ar ti fi cier. bo nnet. ca non.

Assemblage.

bour, tam, cier, fi, ti, ar, nnet, bo, non, ca.

A pontet. munition. biscuit. garnison

B pon tet. mu ni tion. bis cuit. gar ni son.

Assemblage.

tet, pon, tion, ni, mu, cuit, bis, son, ni, gar.

A pistolet. division. parade. revu*e*.
B pis to let. di vi sion. pa ra de. re vu*e*.

Assemblage.

let, to, pis, sion, vi, di, de, ra, pa, vu*e*, re.

LIe LEÇON.

Récapitulation générale (*suite et fin*).

---

impératrice. prince. maréchal. chevalier. sénéchal. chirurgien. compagnie. peigne. grenade. embouchure. schako. platine. plaque. havre-sac. bridé. secrétaire. plumet. plom*b*. mitraille. dragon. tranchan*t*. boucle. décompte. poche. sabre. brigade. marche. brigadier. clairon. droite. gauche. oblique. inspection. fron*t*. flanc. rechange.

fleuret. prê*t*. contrôle. charge. alignemen*t*. règlemen*t*. retraite. caisson. fou*rr*ier. trompe*tt*e. trousse. épaule*tt*e. calo*tt*e. e*nn*emi. ba*tt*erie. game*ll*e. épingle*tt*e. tire-ba*ll*e. flane*ll*e. vede*tt*e. gâche*tt*e. graissage. cuirasce. se*ll*e. ba*g*ue*tt*e. chaîne*tt*e. cuissard. tresse. baïo*nn*ette. culasse. douille. ne*tt*oyage. nécessaire. su*pp*or*t*. bague*tt*e. blessé. so*nn*erie. a*tt*elage. contre-a*pp*el. écusson. chasse - noi*x*. colo*nn*e. oreille. fou*rr*eau. priso*nn*ier. chasseur. bou*rr*ez. hussard. artilleur. bou*rr*elier. ponto*nn*ier. chau*ff*eur. a*pp*rêtez. co*mm*encez. o*ffi*cier. trahison. plom*b*. a*ff*aire perdu*e*. dra*p*. bari*l*. peti*t*. discours. goutte. arrivé*e*. solda*t*. aprè*s*. vin*g*t ans. surpris. fusi*l*. perruquier. remplacemen*t*. logemen*t*. casernemen*t*.

LIIe LEÇON.

Principe.

a, e, suivis d'une voyelle ou d'un **h** muet, se retranchent dans **la, le, je, me, te, se, de, ne, que, ce.**

Exercices.

la, *on dit :* l'impératrice, l'épée, etc., *pour* la impératrice, etc.

le, *on dit :* l'empereur, l'*h*onneur, etc., *pour* le empereur, etc.

je, *on dit :* j'apprend*s*, j'*h*onore, etc., *pour* je apprend*s*, etc.

me, *on dit :* vous m'aimez, vous m'estimez, etc., *pour* vous me aimez, etc.

se, *on dit :* il s'amuse, il s'instrui*t*, etc., *pour* se amuse, etc.

te, *on dit :* je t'avertis, je t'invite, etc., *pour* te avertis, etc.

de, *on dit :* beaucou*p* d'apparence, etc., *pour* de apparence, etc.

ne, *on dit* : je n'aime pas, etc., *pour*
je ne aime pas, etc.

que, *on dit* : qu'avez-vous fait? etc.,
pour que avez-vous fait? etc.

ce, *on dit* : c'est la vérité, etc., *pour*
ce est la vérité.

LIII° LEÇON.

Principe.

e se retranche à la fin des mots : **quelque, entre, jusque.**

Exercices.

On dit : quelq*u*'un, quelqu'autre,
pour quelque un, etc.

On dit : entr'eux, entr'elles, entr'-
autres, *pour* entre eux, entre
elles, entre autres.

On dit : jusqu'à Paris, jusqu'au
ciel, *au lieu de* : jusque à
Paris, jusque au ciel.

8*

Règle.

1 se retranche dans le mot **si** devant **il, ils**.

Exemple :

S'il arrive. s'ils viennent. s'il est permis.

Et non :

Si il arrive. si ils viennent.. si il est permis.

LIVe LEÇON.

Principe.

Le trait d'union (-) sert à marquer la liaison qui existe entre deux ou plusieurs mots.

Liaison par le trait d'union.

Viens-tu ?	Ces gens-ci.
Aide-de-camp.	Ces hommes-là.
Donnait-on ?	Ci-contre.
Sous-officier.	Sergent-major.
Chirurgien-major.	Allez-y.
Etat-major.	Trente-six.
Adjudant-major.	Irai-je ?
Celui-ci.	Laissez-moi.

Donnez-les-leur.	Avant-courrier.
Contre-marche.	Demi-tour.
Donnez-lui.	Chef-d'œuvre.
Prenez-en.	Sous-pieds.
S'entre-choquer.	Porte-sabre.
Seine-et-Oise.	Dix-huit.
Contre-appel.	Sous-garde.
Ci-dessus.	Chef-lieu.
Tire-balle.	Cent-garde.

LVe LEÇON.

Principe.

Les consonnes **b, c, f, l, r, m, n,** se lient au mot qui suit,
quand il commence par une voyelle ou un **h** muet.

Ainsi prononcez :

Un roc escarpé — un ro-cescarpé.

Un chef intrépide — un che-fintrépide.

Un bel homme — un be-lhomme.

Un char attelé — un cha-rattelé, etc.

A cause de l'union du sens, **prononcez :**

Trop étroit — tro-pétroit.

Soldat ingrat — solda-tingrat.
Le pot au feu — le po-tau feu.
Tabac à fumer — taba-cà fumer.
Marcher à pied — marché-rà pied.

LVIe LEÇON.

Principe.

On ne lie pas deux mots qui offrent entre eux le plus léger repos.

Lisez sans liaison :

Un raisin aigre. Un faubourg in-cendié. Un loup affamé. Sans honte. Un frein à vos passions. Il est léger à la course. Sur les onze heures. Avec bonté. Monter haut.

Le tréma.

Le tréma (··) indique que la voyelle sur laquelle il est placé doit se prononcer séparément de la voyelle qui précède.

Comme :

Saül. Zaïre. héroïsme. héroïque-ment. naïvement. Caïn. Naïm. aïeul. stoïque.

H aspiré fait prononcer du gosier la voyelle qui suit,

Comme :

la haine. le hameau. le héros. les héros. mes hardes. la housse. le hussard. le hamac. la hardiesse. le hareng. le haricot. le haras.

La cédille (**ç**), ou sorte de virgule qu'on met sous le **c**, en adoucit la prononciation lorsqu'il se trouve placé devant les voyelles **a, o, u**.

Exemple :

façade. maçon. reçu. façon. leçon. garçon. limaçon. hameçon, etc.

LVIIe LEÇON.

Signes pour la ponctuation.

,	;	:	.	?
virgule,	point et virgule,	deux points,	point,	point d'interrogation,

!	....	( )	« »
point d'exclamation,	points suspensifs,	parenthèses,	guillemets,

§	*	..	,	(—)
paragraphe,	astérisque,	tréma,	apostrophe,	le tiret.

LVIIIe LEÇON.

Abréviations.

I. H. S. Jésus des hommes Sauveur.

A. S. M. A Sa Majesté.

A. S. A. I. A Son Altesse Impériale.

S. E. Son Eminence.

S. Exc. Son Excellence.

S. S. Sa Sainteté.

M. Monsieur.

MM. Messieurs.

Mme Madame.

Mlle Mademoiselle.

M^d Marchand.

Me Maître.

Le S^r le sieur.

Ve Veuve.

Dem^t Demeurant.

Dép^t Département.

C.-à-d. C'est-à-dire.

1° Primo.

2° Secundo.

3° Tertio.

4° Quarto.

5° Quinto.

LIXe LEÇON.

Suite et fin des abréviations.

N. B. Nota benè.

P.-S. Post-scriptum.

Ex. Exemple.

Etc. Et cætera.

N° Numéro.

1er Premier.

2e Deuxième.

D^{er} Dernier.

7bre Septembre.

8bre Octobre.

9bre Novembre. $\frac{2}{5}$ Deux mai.

X^bre Décembre. $\frac{2}{6}$ Deux juillet.

$\frac{1}{1}$ Premier janvier. $\frac{3}{7}$ Trois août.

$\frac{3}{2}$ Trois février.   T. S. V. P. Tournez, s'il

$\frac{2}{3}$ Deux mars.   vous plaît.

$\frac{2}{4}$ Deux avril.

LXe LEÇON.

Qu'est-ce que les lettres? — Ce sont des caractères destinés à représenter les sons des mots.

De quoi sont composés les mots écrits? — Ils sont composés de lettres.

Combien y a-t-il de sortes de lettres? — Il y en a de deux sortes, les voyelles et les consonnes.

Quelles sont les voyelles? — Ce sont : a, e, i, o, u et y.

Pourquoi les appelle-t-on voyelles? — Parce que seules elles représent*ent* une voi*x*, c'est-à-dire un son plein.

Comment distingue - t - on les voyel*les*? — On distingue les voyel*les* longue*s* *et* les voyel*les* brèves.

Qu'est-ce que les voyel*les* longues?— Ce sont cel*les* sur lesquel*les* on a*ppuie* plus longtemps que sur les autres en les prononçant.

Qu'est-ce que les voyel*les* brèves? — Ce sont cel*les* sur lesquel*les* on a*ppuie* moins longtemps.

Combien y a-t-il de sortes d'*e*? — Il y a plusieurs sortes d'*e*.

Quels sont les principaux? — Les principaux sont : l'*e* muet, comme dans homme; l'*é* fermé, comme dans *café*; l'*è* ouvert, comme dans *accès*, et l'*è* long, comme dans *tempête*.

LXIe LEÇON.

Donnez un exemple où l'*e* ne soit ni muet, ni fermé, ni ouvert. — *Vent*, où il se prononce comme *an*; *hennir*, où il se prononce comme *a*; *femme*, où il se pron_once comme *a*, etc.

Pourquoi emploie-t-on l'*y*? — On l'emploie souvent pour deux *i*, comme dans *crayon*, *noyau*, *royaume*, *payer*; et quelquefois pour un *i*, comme dans *physique*, *style*, *tyran*, *martyr*.

Qu'est-ce que les accents? — Ce sont de petits signes qui donnent aux lettres les différents sons, les différentes inflexions de voix qui leur sont nécessaires dans la pro-nonciation, et qui se placent sur les voyelles seulement.

On se sert de la plupart des marques ci-après pour l'accentuation.

L'accent aigu (´), l'accent grave (`), l'accent circonflexe (^).

Où se met l'accent aigu ? — L'accent aigu, *ainsi nommé* parce que la lettre sur laquelle il se place donne un son aigu, se met sur les *e* fermés qui terminent les syl labes, comme on le voit par le mots *vérité, étendue, académie achevé, répété.* Remarquez, cepen dant, que la voyelle *e,* lorsqu'ell précède les lettres doubles et le *x* ne prend point d'accent, quoi qu'elle se prononce comme si ell

était surmonté*e* d'un accent aigu :
ennemi, essai, excuse, effectivement.

Où se met l'accent grave? —
L'accent grave, *a*insi appelé parce
qu'il donne à la voyel*le* sur laquel*le*
il se trouve un son opposé à l'accent aigu, se mè*t* : 1º sur l'*e* ouvert qui termine la syl*l*abe ou qui
précède la lettre *s, succès, procès ;*
2º sur les *e* ouver*t*s suivis d'une
syllabe muette et finale : *il règne,
il sèche, je sème, brèche, père,
mère,* etc.

Où se met l'accent circonflexe?
— Cet accen*t,* qui se prononce à
peu près comme l'accen*t* grave,
ren*d* longues toutes les voyel*les*
sur lesquel*les* il est placé, c'est-à-
dire qu'il y a allongement de son
sur lesquel*les* il se trouve. Quan*t*

à sa place, comme il n'est pas possible de préciser tous les cas où il s'emploie, nous nous contenterons de dire qu'il se met sur la plupart des voyelles longues : *plâtre, tête, abîme, côte, bûche.*

Qu'appelle-t-on voyelle double? —Deux voyelles qui représentent un son unique, comme *ai* dans *plaire, ou* dans *fou.*

LXIIe LEÇON.

Sujet (22 juin 1815).

Un message fut envoyé à l'empereur pour lui demander son abdication. Napoléon s'y résigna. « Français, dit-il, je m'offre en sacrifice à la haine des ennemis de la France; ma vie politique est terminée. Je proclame mon fils,

Napoléon II, empereur des Français. »

Combien y a-t-il de lettres dans *Un message fut envoyé à l'empereur?* — Il y en a vingt-huit.

Combien y a-t-il de voyelles, et quelles sont-elles? — Il y en a quatorze, savoir : *u, e, a, e, u, e, o, y, é, a, e, e, e, u.*

Combien y a-t-il de *e?* — Il y en a sept.

Sont-ils tous de la même espèce? — Non; le premier *est* un *e* fermé, quoiqu'il n'ait pas d'accent; le quatrième *est* fermé, et les autres sont muets.

Quelles voyelles y a-t-il dans *pour lui demander son abdication?* — *o, u, u, i, e, a, e, o, a, i, a, i, o.*

Y a-t-il des voyelles doubles? — Oui : *ou* de *pour.*

Y a-t-il des diphthongues simples? — Oui : *ui* de *lui.*

Y a-t-il des *e* muets, des *e* fermés? — Oui : le premier *e* de *demander* est muet, et le second *e* de *demander* est fermé, quoiqu'il n'ait pas d'accent.

Toutes les voyelles y sont-elles? — Non.

LXIIIe LEÇON.

Combien y a-t-il de consonnes? — Il y en a dix-neuf, savoir : *b, c, d, f, g, h, j, k, l, m, n, p, q, r, s, t, v, x, z.*

Pourquoi leur donne-t-on ce nom? — On les appelle ainsi parce qu'el*les* ne produise*nt* une voi*x*, un son, qu'à l'aide des voye*lles*. En e*ff*et, dans *ba, bo, bu*, etc., le son a*p*partien*t* presque tou*t* entie*r* au*x* voye*lles a, o, u*.

Qu'es*t* - ce qu'une conso*nn*e muette? — C'es*t* cel*le* qui ne se prononce pas dans un mo*t*, comme *p* dans *compte*.

Qu'es*t*-ce que la cédil*le*? — La cédil*le* est un peti*t* signe qui se place sous le *c*, devan*t* les le*t*tres *a, o, u*, pour en adoucir la pro-nonciation; car, devan*t* ces voye*lles*, ce*t*te conso*nn*e sans cédil*le* ren*d* un son dur : *faucon, Calypso;* de-van*t e, i*, ce*t*te le*t*tre a nature*lle*-men*t* le son dou*x* : *cèdre, cidre*.

Quan*d* la lettre *h* est-elle *muette* ou *aspirée?* — El*le* est mu*e*tte

quand el*le* est nul*le* dans la pro-
non*c*iation, comme dans h*eu*r*eux*,
ho*nn*eur, ho*nn*ête, ho*mm*e; el*le* est
aspir*ée* quand. el*le* fai*t* prononcer
avec aspiration la voyel*le* qui sui*t* :
*le hé*ros, *la hardiesse, le haut, la
hanche*. Alors il ne saurai*t* exister
de liaison entre la conso*nn*e qui la
précède e*t* la voyel*le* qui la sui*t*; il
fau*t* donc prononcer : *les haricots,
les haines, les hameaux*, comme
s'ils étaien*t* écri*ts* : *lé haricots, lé
haines, lé hameaux*.

Qu'appel*le*-t-on　syllabe? — On
appel*le* sy*ll*abe, une ou plusieurs
le*tt*res qui se prononce*nt* par une
seule émission de voi*x*. *Jour, nuit,
pain, vin*, son*t* des mo*ts* d'une
seule sy*ll*abe; il y en a deu*x* dans
charmant, enfant, savoir : *char-*

mant; *en-fant*; *et* trois dans *li-ber-té, ap-pli-qué.*

Qu'est-ce qu'une diphthongue? — Une syllabe dans laquel*le* on entend distinctemen*t* deu*x* sons; tel*les* sont les syllabes : *ia, ié, io, ieu, oi, oin, ué, ui,* etc. : *fruitier, loi, foin, vieux.*

LXIVe LEÇON.

Sujet.

Le long martyr*e* de Napoléon à Sainte-Hélène l'a grandi encore, en lui donnan*t* la seu*le* consécration qui lui manquâ*t*, cel*le* du mal*h*eur. Ce rocher fu*t* comme l'autel où le héros passa demi-dieu. Une popularité *imm*ense s'a*tt*acha à son nom, même parmi les nations les plus lointaines, et, en apprenant sa mort, lord Holland s'écria au milieu du parlement anglais : « L'univers porte le deuil du héros. » Il avait lui-même prévu ce que gagnerait auprès des peuples le captif des rois : « Si je meurs sur la croix, disait-il, et que mon fils vive, il arrivera. »

Questions.

Combien y a-t-il de consonnes dans *Le long martyre de Napoléon à Sainte-Hélène l'a grandi encore?* — Il y en a vingt-sept : *l, l, n, g, m, r, t, r, d, n, p, l, n, s, n, t, h, l, n, l, g, r, n, d, n, c, r.*

Combien y a-t-il de différentes consonnes? — Il y en a onze : *l, n, g, m, r, t, d, p, s, h, c.*

Combien y a-t-il de voyelles? —

Il y en a vingt-trois : *e, o, a, y, e, e, a, o, é, o, a, a, i, e, é, è, e, a, a, i, e, o, e.*

Combien y a-t-il de syllabes? — Il y en a vingt-deux : *le long mar-ty-re de Na-po-lé-on à Sain-te-Hé-lè-ne l'a gran-di en-co-re.*

Combien y a-t-il de mots? — Il y en a onze : *le long martyre de Napoléon à Sainte - Hélène l'a grandi encore.*

Séparez les voyelles et les consonnes dans : *Ce rocher fut comme l'autel où le héros passa demi-dieu.*

— Les voyelles sont : *e, o, e, u, o, e, a, u, e, o, ù, e, é, o, a, a, e, i, i, e, u;* les consonnes : *c, r, c, h, r, f, t, c, m, m, l, t, l, h, r, s, p, s, s, d, m, d.*

LXVᵉ LEÇON.

Napoléon III.

« Par le patriotique dévouement qui signale tous les actes de son passé, par l'infatigable activité qu'il déploie dans la réalisation de tous les progrès auxquels aspire la France, Louis-Napoléon peut aujourd'hui répéter devant le peuple les mêmes paroles que son oncle immortel adressait au sénat de l'an X :

*H*eureuses les nations auxquelles il est permis de se donner un chef dont les actes vivants sont le gage de l'avenir !

*H*eureux les princes qui reçoivent une couronne décernée par trente-cinq millions d'âmes reconnaissantes !

*H*eureu*x* le siècle que la Providence condui*t* el*le*-même au-devan*t* des prospérités infini*es*, don*t* l'enfantemen*t* laborieu*x* est tro*p* souven*t* a*c*compagné de convulsions si douloureuses !

*H*umble *h*istorien de la première page d'une époque à jamais mémorable, puissions - nous vivre assez pour raconte*r* un jour les longu*es* a*n*nales de la félicité promise à notre bel*le* patri*e* ! Trente-se*pt* ans s'e*ff*ace*nt* des souvenirs de la France, com*m*e l'impression fugitive que laisse le réveil d'un songe accablan*t*. L'*h*orizon s'é-pur*e*, l'avenir s'i*ll*umine de clartés fécondes, e*t* Napoléon III replace au fro*n*t de la France la cou-ro*nn*e impérissable des nations prédestinées. Vive Napoléon III! »

LXVIe LEÇON.

L'Impératrice Eugénie.

« Nous ne savons pas si Napoléon III aurait obtenu une Marie-Louise pour rehausser l'éclat de sa destinée, mais il a trouvé, comme il l'a dit, le cœur de Joséphine pour aimer la France.

La dot que la France attendait de la compagne de Napoléon III, elle l'a trouvée dans ce trésor de bonté, de charité, de grâce et de vertu que Dieu seul donne au. natures privilégiées qu'il marqu pour de grandes choses. Elle l' trouvée aussi dans le Prince Impé rial, sur lequel reposent tant d'espérances. Notre société, que tant de sophismes ont corrompue, a besoin d'être ramenée au bien, non-seulement par la main virile de l'autorité, mais aussi par la main plus douce et plus persuasive du dévouement qui console et qui soutient. L'influence de la femme chrétienne dans le monde sera l'un des moyens que la Providence permettra pour reconstituer la famille et la société dans leur force morale; l'Impératrice Eugénie n'aura été élevée au rang suprême que pour aider à ce résultat, ne faisant servir tous les dons merveilleux dont elle est comblée qu'à l'épurement des mœurs, à la réhabilitation des âmes, à la dignité et à l'ennoblissement de l'intelligence, et au respect de toutes ces saintes vertus du foyer, dont l'exemple doit venir d'en haut pour être suivi en bas.

« Une femme à côté d'un roi, c'est plus qu'une femme, » selon la belle expression de Bossuet : « c'est la prudence qui tempère, c'est la piété qui fleurit, c'est la douceur qui calme, c'est le dévouement qui éclaire, c'est la clémence qui pardonne. Or, comme l'Impératrice Eugénie est tout cela, elle est bénie du peuple, comme elle est aimée de son glorieux élu! »

Vive l'Impératrice! vive Napoléon III! vive le Prince impérial!

LXVIIe LEÇON.

C'est afin que le maître puisse s'assurer des progrès de son élève, que nous n'avons pas mis en caractères italiques, dans ces vers, les lettres nulles dans la prononciation. Du reste, les succès que nous obtenons chaque jour au moyen de notre méthode nous donnent la garantie que l'élève sortira toujours triomphant de cette épreuve.

Hommage aux mânes du 2e bataillon du 11e Léger, aujourd'hui 86e de ligne.

Ils étaient pleins de vie , aspirant la victoire ,
Et partaient, précédés de leurs clairons sonnants ,
Pour ce sol africain qui ensemence la gloire ,
Rêvant de surpasser leurs aînés triomphants.
Un fleuve les arrête!... En un jour de bataille ,
A la nage aussitôt, ils passaient sans malheur :
Tant, l'ardeur de la lutte haussant encor leur taille ,
Ils auraient de son lit dépassé la hauteur !
Sort fatal ! l'industrie, aux caprices mobiles ,
Se montrant faible où l'homme a besoin d'être fort ,
Avait mis devant eux un de ces ponts fragiles
Où le passant se berce au-dessus de la mort :
Chemins aériens coupant la perspective
De leurs chaînons tendus sur de vastes largeurs ,
Et tenus par des fils de l'une à l'autre rive ,
Comme l'insecte étend sa toile entre deux fleurs.
Toutes gloires sont sœurs ! L'aventureuse armée
Voulut monter aussi sur ce nouveau pavois
Où l'art de son progrès assied la renommée ;
Mais l'art devait fléchir sous un aussi grand poids.

A peine nos soldats, brisant le pas de route,
Couvrent-ils le plateau de l'un à l'autre bout,
Un long cri retentit ! toute une ville écoute ;
La fanfare se tait, le glas sonne partout.
Les piliers de support, oscillant sur leur base,
Du tablier tendu font ouvrir les écrous,
Et le pont sans appui, sous le poids qui l'écrase,
S'abîme avec fracas, en les entraînant tous.
Quel spectacle, dès lors, d'horreur et d'épouvante !
L'onde qu'agite et gonfle un vent impétueux,
Ainsi qu'un long reptile à la gueule béante,
Serre et tord la victime en ses plis tortueux.
Les naufragés, rendus plus lourds par leur bagage,
Tout équipés en guerre, entrent dans leur tombeau,
Comme ils seraient tombés sur le champ du carnage ;
L'un même aux flots vainqueurs dispute son drapeau !...

LXVIIIe LEÇON.

Fresque byzantine.

Jésus s'habille en pauvre et demande l'aumône
    Au seuil d'un riche au cœur d'acier :
— Beau seigneur, qui chantez comme un roi sur son trône,
    Donnez-moi quelque pain grossier.
Donnez-moi seulement les miettes de la table,
    Pendant que vos chiens sont là-bas !
— Avec votre besace, allez-vous-en au diable ;
    La paresse ici n'entre pas.

Jésus-Christ s'en allait, quand il vit une femme
   Qui venait d'une ruche à miel.
Belle Dieu l'avait faite, et l'on voyait son âme
   Dans ses grands yeux couleur du ciel.
— Mon pauvre homme, venez sous mes noires solives,
   Par la porte où siffle le geai ;
Je n'ai rien que du miel, des raisins, des olives,
   Mais je donne tout ce que j'ai.
— Tu monteras au ciel sans traverser la tombe,
   Car j'ai la clef du paradis.
Et là-bas ton voisin, avec tout son or, tombe
   Dans l'enfer où sont les maudits.
Mais, quand il aura soif, je prendrai le ciboire
   Où mon amour est jaillissant ;
Je mourrai sur la croix pour lui donner à boire
   Jusqu'à mes larmes et mon sang !

LXIXᵉ ET DERNIÈRE LEÇON.

Les vieilles Fourmis.

— Veux-tu, chère maman, m'éclairer sur un point?
   Vois toutes ces fourmis ; les unes sont ailées,
     Et les autres ne le sont point.
   Pourquoi? — Chez la fourmi, les races sont mêlées,
   Mon fils ; mais, lorsque vient le terme de leurs jours,
     Des ailes leur poussent toujours.
     La chose te paraît étrange?
     Mais il en est ainsi chez nous.
     En vieillissant l'homme se range ;

Il se souvient du ciel, et fléchit les genoux.
On a, lorsque du corps on sent mieux la faiblesse,
L'esprit plus clairvoyant et le cœur plus pieux.....
Et Dieu, le plus souvent, accorde à la vieillesse
  Des ailes pour monter aux cieux !

L'ENFANT ET LE DOCTEUR.

Un jeune enfant priait : un docteur de la ville
 Lui dit, croyant l'embarrasser un peu :
« Je te donne une orange, à toi qu'on dit habile,
  Si tu peux me dire en quel lieu
   Est Dieu. »
 L'enfant répond : « Je vous en donne mille,
  Si, pour me tirer d'embarras,
  Vous me dites où Dieu n'est pas.

FIN.

Poitiers. — Imp. de A. DUPRÉ, rue de la Mairie, 10.

GUIDE DES FAMILLES
POUR LE CHOIX D'UN ÉTAT

Ouvrage divisé en quatre parties distinctes, indiquant les professions qui se rattachent : 1° à l'Agriculture ; 2° au Commerce ; 3° à l'Industrie, et 4° aux Professions libérales ;

De manière à se rendre compte des dépenses qu'exigent les études, celles que demande l'instruction professionnelle, le temps à y employer, les aptitudes pour réussir, les chances d'avancement, les devoirs, etc.

PAR CH. DOLIVET,

Instituteur du degré supérieur, auteur de plusieurs ouvrages sur l'enseignement.

4 beaux volumes in-12. — Prix : 6 fr.

Chaque volume se vend séparément 1 fr. 50 c.

MÉTHODE FACILE
DE TENUE DE LIVRES
OU TRAITÉ SIMPLIFIÉ DE COMPTABILITÉ COMMERCIALE

Contenant des exercices sur les Factures, les Lettres de Voiture, les Connaissements, etc., etc., et un Livre de Comptes courants qui permet de supprimer le Grand-Livre et d'abréger de beaucoup les écritures ; à l'usage des Commerçants, des Industriels et des Écoles primaires ;

Par CH. DOLIVET, instituteur du degré supérieur.

3e ÉDITION,

Augmentée d'une Comptabilité agricole pour les Propriétaires et les Cultivateurs.

Un beau volume in-12. — Prix : 1 fr. 50 c.

NOUVEAU MANUEL
des Écoles et des Familles chrétiennes
OU COURS COMPLET ET GRADUÉ
DE LECTURE COURANTE

DIVISÉ EN 4 PARTIES, formant 4 volumes in-12. — *Prix : 2 fr. 40.*

Par H. FEUILLERET, professeur.

Rédigé suivant le dernier programme de M. le Ministre de l'instruction publique.

Chaque partie se vend séparément 60 c.

La première partie est composée en gros caractères dits *gros romain ;*
La deuxième partie, en caractères moyens dits *Saint-Augustin ;*
La troisième partie, en caractères plus fins dits *petit-romain ;*
La quatrième partie, différentes sortes d'écritures graduées pour exercer à la lecture des manuscrits.

Poitiers. — Typ. de A. Dupré.